Jorge Mario Bergoglio
Papst Franziskus

Korruption und Sünde

Das Buch

Ein Nachdenken über den Zusammenhang von persönlichem und sozialem Handeln am Beispiel der Korruption – nicht als Einzeltat, sondern als Haltung und Lebenszustand, der viel mehr Bereiche umfasst, als man gemeinhin darunter versteht. Es geht um Verstrickungen aufgrund persönlicher Schwäche und über Möglichkeiten der Wachsamkeit und Prävention. Dass der Mensch Fehler macht, sich sogar mit Schuld belädt, ist unvermeidbar. Korruption hingegen erfordert eine persönliche Entscheidung, zumindest, bis sie zu einem Dauerzustand korrumpierten Lebens wird.

Jorge Mario Bergoglio, der heutige Papst Franziskus, legt hier eine tiefe ethische Reflexion vor, inspiriert vom Evangelium und von ignatianischer Spiritualität. Es geht darum, sich über sein Leben ehrliche Rechenschaft zu geben und das eigene Wohl und das der anderen im Blick zu haben. – Hier erstmals auf Deutsch und mit einer Einführung von Michael Sievernich SJ.

Der Autor

Jorge Mario Bergoglio, geboren 1936, Jesuit, 1998–2013 Erzbischof von Buenos Aires, 2001–2013 Kardinal, seit dem 13. März 2013 Papst Franziskus.

Jorge Mario Bergoglio
Papst Franziskus

KORRUPTION
UND SÜNDE

Eine Einladung zur Aufrichtigkeit

Aus dem Spanischen von Ulrich Ruh

Mit einer Einführung von Michael Sievernich SJ

HERDER

FREIBURG · BASEL · WIEN

HERDER spektrum Band 6684

MIX
Papier aus verantwor-
tungsvollen Quellen
FSC® C083411

Titel der Originalausgabe: *Corupción y pecado*

© 2005/2013 Editorial Claretiana, Buenos Aires, Argentinien

Für die deutschsprachige Ausgabe:
© 2014 Verlag Herder GmbH, Freiburg im Breisgau
Alle Rechte vorbehalten
www.herder.de

Umschlagkonzeption: Designbüro Gestaltungssaal
Umschlagfoto: © dpa/picture-alliance

Satz: Barbara Herrmann, Freiburg im Breisgau
Herstellung: CPI books GmbH, Leck

(Auch als E-Book: ISBN 978-3-451-80145-7)

Printed in Germany

ISBN 978-3-451-06684-9

Inhalt

JORGE MARIO BERGOGLIO
PAPST FRANZISKUS
Korruption und Sünde

Warum Korruption ethisch und spirituell verwerflich ist

Einführung von Michael Sievernich SJ

Als Papst Franziskus am 14. November 2013 dem italienischen Staatspräsidenten Giorgio Napolitano im römischen Quirinalspalast einen offiziellen Besuch abstattete, vernahm er eine diplomatische Ansprache des Präsidenten, die es an Deutlichkeit nicht fehlen ließ. Denn nach der Würdigung der Beziehungen zwischen der italienischen Republik und dem Heiligen Stuhl kam Napolitano auf die Gegenwartssituation zu sprechen und schnitt ein heikles Thema an. Die Politik stehe »vor der dramatischen Notwendigkeit (wir sehen das gut in Italien), Teilhabe, Konsens und Respekt wiederzugewinnen und sich von der Geißel der Korruption und der kleinlichen Partikularismen zu befreien.«[1]

Die Geißel der Korruption bedrängt nicht nur Italien, sondern stellt bei allen kulturellen Unterschieden auch eine internationale Plage dar. Korrup-

---

[1] Presidenza della Repubblica, Palazzo del Quirinale: *Intervento del Presidente Napolitano in occasione della visita ufficiale di Sua Santità Francesco* (www. quirinale.it).

tion als Missbrauch öffentlicher Macht und damit als Fehlverhalten zum Schaden des Gemeinwesens und zum privaten Vorteil scheint ein weltweites Phänomen zu sein. Sie ist nicht leicht zu identifizieren, da sie das Licht scheut, doch findet sie sich auf diese oder jene Weise in allen historischen Epochen, kulturellen Räumen und Gesellschaftsordnungen. In der öffentlichen Aufmerksamkeit stehen vor allem korruptive Verhaltensweisen im Zueinander von Politik und Wirtschaft im Vordergrund. Doch darüber hinaus sind auch andere Bereiche anfällig, seien es Kultur oder Kunst, Religionen oder Interessenverbände, Bildungs- oder Gesundheitswesen, Medien oder Sport.

Jorge Mario Bergoglio, Papst Franziskus, der diese kleine Schrift als Erzbischof von Buenos Aires verfasst hat, kennt das Problem nicht nur aus der Literatur. Denn gerade Politik, Wirtschaft und Gesellschaft seines Heimatlandes Argentinien lieferten ihm reichlich Anschauung von den verderblichen Folgen für die »Patria«. Daher hat er immer wieder deutlich Stellung bezogen, so auch in dieser scharfsinnigen theologisch-spirituellen Analyse der Korruption. Im Vergleich mit der Sünde will er den innersten Kern des Problems herausarbeiten und plädiert in einer überraschenden Wendung: Sünder ja, Korrupte nein.

Was ist Korruption?

Umgangssprachlich wie etymologisch hat das Wort »Korruption« (wie die Ableitungen »korrupt« und »korrumpieren«) eine negative Bedeutung. Es leitet sich ab vom lateinischen Verb »cor-rumpere«, das bedeutet: zerbrechen, vernichten, zu Grunde richten, verderben, verschlechtern oder verfälschen; die Vorsilbe »con« (»mit«) deutet das Komplizenhafte an. Schon in der Antike wird es als Fachwort für »bestechen« (mit Geld, Gold oder Geschenken) verwendet. In der weiteren Sprachentwicklung kommen neue Bedeutungen hinzu; so bezeichnet es im Christentum die Vergänglichkeit des Irdischen und vor allem die von der Sünde verdorbene Natur des Menschen *(natura corrupta)*.

Das klassische Verständnis, das zum Grundmuster werden sollte, stammt vom griechischen Philosophen Aristoteles († 322 v. Chr.), der in seiner politischen Philosophie den Menschen als ein »politisches Wesen« definiert, das im Stadtstaat *(Polis)* in Gemeinschaft zusammenlebt. Die Korruption bemisst sich für Aristoteles an der Abweichung von der idealen politischen Verfassung. Richtig und rechtmäßig sind diejenigen Verfassungen, die »den gemeinsamen Nutzen« im Auge haben, während solche Verfassungen, die »nur den eigenen Vorteil«

der Regierenden im Blick haben, fehlerhaft, korrupt, despotisch sind.[2]

Dieses klassische Argument, das Gemeinwohl und Eigenwohl kontrastiert, taucht im Lauf der Geschichte in zahlreichen Varianten auf und behält seine Überzeugungskraft. Wie ein Wasserzeichen scheint es auch in neueren Bestimmungen durch: wenn man etwa unter Korruption den Missbrauch öffentlicher Macht für private Zwecke versteht oder wenn der durch Eigennutz verursachte soziale Schaden, den Korruption anrichtet, im Mittelpunkt steht. Das Muster zeigt sich auch bei denjenigen, die zum eigenen Vorteil Gesetze brechen, vertragliche Verpflichtungen nicht einhalten oder Konventionen übertreten. Bei der Korruption handelt es sich um einen unmoralischen Tausch von Leistung und Gegenleistung, den die Beteiligten freiwillig vornehmen, um sich eigene Vorteile zu verschaffen. In diesem archaischen Tauschverfahren werden materielle »Geschenke« eingesetzt, zumeist aber Geldleistungen, wenn etwa »Schmiergelder« fließen, um Geschäfte oder Privilegien zu befördern. Ist ein solcher Tausch von Leistungen unfreiwilliger Art, handelt es sich um Erpressung. Weitere Formen sind Unterschlagung und Veruntreuung öffentlicher

---

[2] Aristoteles, *Politik* 1279a.

Mittel. Schließlich ist noch die Korruputionsform der Patronage zu nennen, d. h. die Bevorzugung von Verwandten und Bekannten oder von Parteien, Gruppierungen und Interessenverbänden (Klientelismus).

Die für das Gemeinwesen und das Individuum negativen Folgen sind vielfach beschrieben und aufgelistet worden. »Letztlich vergrößert die Korruption wirtschaftliche und politische Instabilitäten, verhindert produktive Innovationen und Investitionen und behindert wirtschaftliches Wachstum und gesellschaftliche Entwicklung.«[3] Zu den zahlreichen Risiken der Korruption zählen die damit verbundenen Kosten, welche die wirtschaftlichen Gesamtkosten erhöhen und eine nachhaltige Entwicklung erschweren. Korrupte Praktiken bedeuten einen eklatanten Vertrauensbruch und untergraben die Reputation. Demgegenüber stehen Unternehmen ohne korruptive Praktiken sowohl finanziell und als auch moralisch auf Dauer besser da, weil unbeherrschbare Risiken weitgehend entfallen und Vertrauen akkumuliert wird. Vertrauen und Reputation

---

[3] Rupert F. J. Pritzl / Friedrich Schneider: *Korruption,* in: Handbuch der Wirtschaftsethik, hg. im Auftrag der Görres-Gesellschaft von Wilhelm Korff u. a., Bd. 4, Gütersloh 1999, 310–333, hier 323.

sind über die Kennzahlen hinaus entscheidende »weiche« Faktoren für wirtschaftlichen Erfolg.

Auf einen Kontinent wie Lateinamerika bezogen, gibt die dortige Versammlung der Bischöfe Folgendes zu bedenken: »Die Korruption in Gesellschaft und Staat, in die alle Bereiche von Legislative und Exekutive verwickelt sind, ist schlimmer geworden; sie erfasst auch das Justizsystem, das häufig dazu neigt, Urteile zugunsten der Mächtigen zu fällen und sie straflos zu lassen. Das gefährdet ernsthaft die Glaubwürdigkeit der öffentlichen Institutionen und verstärkt das Misstrauen des einfachen Volkes. Dieses Phänomen geht mit einer tiefen Missachtung der Gesetzlichkeit einher.«[4] Auch wenn sogenannte »wertfreie« Beurteilungen der Korruption positive Wirkungen wie Umsatzsteigerung oder Verbesserung von Marktpositionen zuschreiben, so folgen diese Strategien doch nur dem Eigennutz, ohne die Sozialverpflichtung in den Blick zu nehmen; sie sind mit Demokratie und *Sozialer* Marktwirtschaft nicht vereinbar.

---

[4] *Aparecida 2007.* Schlussdokument der 5. Generalversammlung des Episkopats von Lateinamerika und der Karibik (Stimmen der Weltkirche 41), Bonn 2007, Nr. 77.

Bekämpfung der Korruption

Mit den wachsenden Möglichkeiten der Korruption in internationalen Beziehungen kann die Globalisierung der Verantwortung und Solidarität kaum mithalten. Daher nimmt in jüngster Zeit die wissenschaftliche Reflexion dieses bedrohlichen Phänomens zu. Seine Bekämpfung verläuft auf verschiedenen Ebenen. Weltweit gilt Korruption inzwischen als illegal; politische Zusammenschlüsse wie die Europäische Union dämmen sie in ihrem Einflussbereich ein. Doch Skandale in den Führungseliten zeigen, dass kein Staat davor gefeit ist. Die extremsten Fälle politischer Korruption dürften in totalitären oder autoritären Regimen vorliegen, in denen korruptive Praktiken und Privilegien nicht nur nicht verhindert werden, sondern sogar einen integralen Bestandteil der Herrschaft bilden. Die Internationalisierung des Themas erfordert auch neue Maßnahmen der Bekämpfung bis hin zur Ausmerzung institutioneller Fehlanreize.[5]

---

[5] Vgl. Susan Rose-Ackerman / Tina Søreide (eds.): *International Handbook of Economics of Corruption*, 2 Bde., Cheltenham 2006 / 2011; *Korruption als internationales Phänomen. Ursachen, Ausweitung und Bekämpfung eines weltweiten Problems*, hg. von Matthias Fifka und Andreas Falke, Berlin 2012.

Auf privater Ebene entwickeln zahlreiche Unternehmen einen Verhaltenskodex *(code of conduct)*, eine Sammlung von Prinzipien und Regeln, mit der die Unternehmen und ihre Mitarbeiter eine freiwillige Selbstverpflichtung eingehen, zu der auch Anti-Korruptions-Regeln gehören. Rechtlich bindend sind die Gesetzgebungen der Länder, die bis hin zum Strafrecht die Korruption zu unterbinden oder wenigstens einzudämmen versuchen. So bedroht das deutsche Strafrecht Delikte wie Vorteilsnahme und Bestechlichkeit, Vorteilsgewährung und Bestechung, die als Straftaten im Amt gelten (§§ 331–335 Strafgesetzbuch); überdies gibt es seit 1997 ein »Gesetz zur Bekämpfung der Korruption«.

Auf globaler Ebene seien die UNO und eine Nichtregierungsorganisation (NGO) genannt. So haben die Vereinten Nationen mit den Mitgliedsstaaten einen weltweiten Vertrag gegen Korruption geschlossen (2003) und bieten einen Pakt an *(United Nations Global Compact)*, dem alle Wirtschaftsunternehmen beitreten können, die sich auf die dort vereinbarten Regeln verpflichten. Diese umfassen zehn Prinzipien, die gleichsam die zehn Gebote für nachhaltiges und ethisch einwandfreies Wirtschaften darstellen. Die Prinzipien beziehen sich auf die Einhaltung der Menschenrechte, die Gestaltung der Arbeitsverhältnisse (etwa Verbot der Kinderarbeit), die Umweltproblematik (ökologische Verantwortung) und schließlich auf die Korruptionsproblematik, die 2004 als zehntes Prinzip eingeführt wurde: »Unternehmen sollen sich gegen Korruption in allen Formen einsetzen, einschließlich Erpressung und Bestechung *(Businesses should work against corruption in all its forms, including extortion and bribery)*«. Ist dieser Pakt normativ angelegt und setzt auf die freiwillige Zustimmung und Umsetzung der Prinzipien, so geht die junge Nichtregierungsorganisation *Transparency International* (seit 1993) empirisch vor und untersucht, gestützt auf Umfragen und Untersuchungen, den Korruptionsindex der Länder.[6] In einem Ranking belegten Dänemark, Neuseeland, Finnland und Schweden im Jahr 2013 die Spitzenplätze der am wenigsten korrupten Länder, während Somalia, Nordkorea, Afghanistan und der Sudan als die korruptesten Länder die untersten der 175 Plätze einnehmen. Deutschland liegt auf Platz 12 im oberen Feld, während Argentinien nur Platz 106 im unteren Feld erreicht. Korruptionsbekämpfung läuft freilich

---

[6] Vgl. Paloma Fernández de la Hoz: *Integrität wider dunkle Geschäfte. Transparency International und der Kampf gegen die Korruption,* in: Stimmen der Zeit 232 (2014) 108–118; *Handbuch Wirtschaftsethik,* hg. von Michael Aßländer, Stuttgart / Weimar 2011, 329–337.

nicht nur auf institutioneller Ebene ab, sondern auch im Inneren der handelnden Akteure, was ihr Gewissen und das »korrupte Herz« angeht. Korruption ist ein Thema der Institutionenethik und der Tugendethik gleichermaßen.[7]

Ethische Beurteilung

Worin besteht eigentlich das Unethische am korruptiven Handeln, abgesehen von der schon geschilderten sozialen Dysfunktionalität? Aus welchen Gründen wäre es selbst dann abzulehnen, wenn es legal wäre und sozial toleriert würde? Bisweilen scheint korruptives Verhalten *prima facie* positive Folgen zu zeitigen, wenn zum Beispiel nur durch Bestechungsgelder (»Fahrtkosten«) der Weitertransport dringender Hilfslieferungen möglich scheint. Heiligt in diesem und in ähnlich gelagerten Fällen der Zweck die Mittel? Dieses Prinzip gilt nur dann, wenn die angewandten Mittel selbst gut und richtig oder wenigstens sittlich neutral sind, nicht jedoch, wenn die angewandten Mittel moralisch nicht tragbar sind. Ein noch so guter

---

[7] Vgl. Heinz Richmann u. a. (Hg.): *Korruption in Staat und Wirtschaft* (Kölner Texte und Thesen 39), Köln 1997.

Zweck macht aus unmoralischen Mitteln keine guten oder sittlich neutralen Mittel.

Korrupte Verhaltensweisen zeichnen sich durch ihre Heimlichkeit aus, da das Bekanntwerden von Leistung und Gegenleistung alle Beteiligten öffentlich bloßstellen und deklassieren würde. Die Täuschung anderer und die Verdeckung der Wahrheit gehören wesentlich zu solchen Handlungen, die nur durch Zufall, Kontrolle, investigative Recherche oder Geständnis aufgedeckt werden können. Damit verdeckt Korruption die wahren Verhältnisse und ist ein Akt der Unwahrhaftigkeit. Korruption unterminiert auch die Gerechtigkeit, weil aktive oder passive Bestechung – um nur diese korruptiven Formen zu erwähnen – die aufgewandten Mittel denjenigen entziehen, die einen gerechten Anspruch darauf haben. »Bestechung verdirbt den Verstand«, heißt es lapidar in der biblischen Weisheit (Koh 7,7). Überdies bietet der damit einhergehende Vertrauensverlust falsche Anreize, dasselbe korrupte Spiel zu betreiben wie andere, um so einen kurzfristigen Vorteil mitzunehmen. Auf diese Weise schwächen solche Praktiken auf Dauer das Bewusstsein von Recht und Unrecht. Hier helfen nur angemessene Sanktionen, die der Korruption die Maske der vermeintlichen »Normalität« entreißen, um sie nicht zur konventionellen Norm werden zu lassen.

Korruption hat nicht nur soziale, sondern auch personale Folgen, deren gravierendste wohl in der sittenwidrigen Käuflichkeit besteht. Es richtet öffentlichen Schaden an, wenn Wahlen, Ämter oder Gerichtsurteile käuflich werden. Selbst Freundschaft wird zur Komplizenschaft, die nach außen zur freundlichen Camouflage wird. Der Soziologe Georg Simmel hat dazu die vielleicht schärfste Analyse geliefert: »Dieses äußere Gebaren soll die Persönlichkeit als eine unangreifbare, in ihrem Wesen gefestete darstellen, und so sehr es eine Komödie ist, wirft es doch, insbesondere da die andere Partei wie durch eine stillschweigende Konvention darauf einzutreten pflegt, einen gewissen Reflex nach innen und schützt den Bestechlichen vor jeder Selbstvernichtung und Selbstentwertung, die dem Einsatz eines Persönlichkeitswertes für eine Geldsumme sonst folgen müsste.«[8]

Um den unmoralischen Charakter der Korruption zu erkennen – deren materielle Kosten ja immer von anderen, deren moralische Kosten aber immer von den Verursachern und ihren »Gewissensbissen« (so das sittliche Vermögen noch vorhanden ist) zu tragen sind – genügt es, ein zentrales ethi-

---

[8] Georg Simmel: *Philosophie des Geldes* (V, 1), 2., verm. Aufl., Leipzig 1907, 424.

Einführung von Michael Sievernich SJ

sches Prinzip in Erinnerung zu rufen. Von univer-
seller Geltung, ist es in zahlreichen Kulturkreisen
anzutreffen. Gemeint ist die Regel der Gegenseitig-
keit oder der Reziprozität, die auch der Empathie
Raum gibt. Es gibt verschiedene Formulierungen
dieser »Goldenen Regel«, so zum Beispiel in der
Fassung der konfuzianischen Philosophie: »Was du
selbst nicht wünschst, das tue nicht den Menschen
an.«[9] Ähnlich formuliert das Buch Tobit (4,15):
»Was dir selbst verhasst ist, das mute auch einem
anderen nicht zu.« In positiver Wendung sagt das
Lukasevangelium (6,31): »Was ihr von anderen
erwartet, das tut ebenso auch ihnen.« Immanuel
Kant schließlich formulierte den kategorischen
Imperativ, dessen Grundformel lautet: »Handle so,
dass die Maxime deines Willens jederzeit zugleich
als Prinzip einer allgemeinen Gesetzgebung gelten
könne.«[10]

[9] *Gespräche / Lun Yu* XII, 2.
[10] Immanuel Kant: *Grundlegung zur Metaphysik der Sitten*,
BA 52.

Die Korruption in ihren vielfältigen Formen gilt in allen Kulturen als unethisch, auch wenn sie faktisch praktiziert oder sogar nach dem Prinzip »Eine Hand wäscht die andere *(manus manum lavat)*« geduldet wird. Auch in der Bibel[11] wird sie als ein der Gerechtigkeit zuwiderlaufendes Verhalten abgelehnt und sanktioniert. Im »Bundesbuch« des Volkes Israel, einem Rechtsbuch in Form einer Gottesrede, das profane, kultische und ethische Bestimmungen enthält, findet sich das Verbot der Rechtsbeugung: »Du sollst dich nicht bestechen lassen; denn Bestechung macht Sehende blind und verkehrt die Sache derer, die im Recht sind« (Ex 23,8). Dieses Bestechungsverbot hat seinen Grund in der Unbestechlichkeit Gottes, der allen ihr Recht verschafft, besonders den Schwachen. So heißt es von Jahwe: »Er lässt kein Ansehen gelten und nimmt keine Bestechung an. Er verschafft Waisen und Witwen ihr Recht« (Dtn 10,17f). In der prophetischen Tradition werden immer wieder die bestechlichen Eliten des Volkes angeklagt, deren Korruption das Land zugrunde richtet: »Die Häupter dieser Stadt spre-

---

[11] Zur biblischen Sicht vgl. Karl Rennstich: *Korruption. Eine Herausforderung für Gesellschaft und Kirche*, Stuttgart 1990.

Einführung von Michael Sievernich SJ

chen Recht und nehmen dafür Geschenke an, ihre Priester lehren gegen Bezahlung. Und ihre Propheten wahrsagen für Geld« (Mi 3,11). Damit erscheint die Käuflichkeit als Einstellung, die das Volk und sein Gemeinwesen von innen korrumpiert und damit auf Dauer zerstört.

Neutestamentlich gibt es drei augenfällige Versuche, Jesus zu korrumpieren, d. h. von seinem Weg abzubringen. Während eines 40-tägigen Fastens in der Wüste, so erzählt der biblische Text, will ihn der Versucher (Teufel) drei Mal korrumpieren. Einmal mit »Brot«, da er Hunger hat; dann will er ihn auf der Tempelzinne mit der Anspielung auf seine »Unverwundbarkeit« dazu bringen, sich herabzustürzen; und schließlich will er ihn auf einem Berg mit dem Versprechen auf »alle Reiche der Welt« (Mt 4,1–11) ködern, vor seinem Versucher zur Anbetung niederzufallen. Dass Jesus diesen Korrumpierungsversuchen widersteht, versteht sich. Aber hier werden die Formen der Versuchung deutlich, vor denen keiner gefeit ist und die in Form verlockender Angebote von Konsum, Unverwundbarkeit und Allmacht daherkommen. Selbst einer der Apostel, Judas Iskariot, konnte den 30 Silberstücken nicht widerstehen, mit denen er von der Tempelelite bestochen wurde, um Jesus auszuliefern (Mt 26,14ff).

Ein aus der Kirchengeschichte bekanntes Korruptionsproblem ist die »Simonie«, d. h. der Kauf oder Verkauf geistlicher Güter wie etwa Ämter. Obwohl verboten oder unter Strafe gestellt, minderte sie immer wieder die Glaubwürdigkeit der Kirche. Benannt wird sie nach dem biblischen Fall eines Simon Magus, der von den Aposteln Petrus und Johannes die Fähigkeit erkaufen wollte, durch Handauflegung den Geist mitzuteilen, aber harsch abgewiesen wurde: »Dein Silber fahre mit dir ins Verderben, wenn du meinst, die Gabe Gottes lasse sich für Geld kaufen« (Apg 8,20).

In der Gegenwart kritisiert die katholische Soziallehre sozialethisch die Phänomene der Korruption. So kommt sie hinsichtlich der politischen Gemeinschaft zum klaren Schluss: »Zu den schwerwiegendsten Zerrbildern des demokratischen Systems gehört die politische Korruption, weil sie gleichzeitig die Grundsätze der Moral und die Normen der sozialen Gerechtigkeit verrät«;[12] damit aber werde das richtige Funktionieren des Staates beeinträchtigt, das Misstrauen gegenüber Institutionen gefördert und die Rolle der öffentlichen Ein-

---

[12] *Kompendium der Soziallehre der Kirche,* hg. vom Päpstlichen Rat für Gerechtigkeit und Frieden, Freiburg i. Br. 2006, Nr. 411.

richtungen verzerrt. Papst Franziskus geht im Zusammenhang seines Lehrschreibens *Evangelii gaudium,* das er noch im Jahr seiner Wahl (2013) veröffentlichte, unter anderem auf das Problem einer »Wirtschaft der Ausschließung« ein und formuliert ein klares Nein zur Exklusion und damit zur verfestigten sozialen Ungleichheit: »Das wird noch anstößiger, wenn die Ausgeschlossenen jenen gesellschaftlichen Krebs wachsen sehen, der die in vielen Ländern – in den Regierungen, im Unternehmertum und in den Institutionen – tief verwurzelte Korruption ist, unabhängig von der politischen Ideologie der Regierenden.«[13]

Korruption als objektivierte Sünde

Im Bild vom »gesellschaftlichen Krebs« ist Korruption gleichsam eine metastasierende Krankheit am Körper des Gemeinwesens. Dort aber bricht diese Krankheit – um im Bild zu bleiben – nicht naturnotwendig oder schicksalhaft aus, sondern hat mit dem

---

[13] Papst Franziskus: *Die Freude des Evangeliums. Das Apostolische Schreiben »Evangelii gaudium« über die Verkündigung in der Welt von heute,* mit einer Einführung von Bernd Hagenkord, Freiburg i. Br. 2013, Nr. 60.

sündhaften Verhalten einzelner Akteure zu tun. Daraus ergeben sich die Fragen nach der Eigenart der persönlichen Sünden und ihrer Bedeutung für die strukturelle oder »soziale Sünde«, wie sie die systemisch gewordene Korruption darstellt.

In der Schrift von Jorge Mario Bergoglio / Papst Franziskus wird das Phänomen der Korruption institutioneller oder privater Art als weitgehend bekannt vorausgesetzt. Der Autor will diesem Übel auf den Grund gehen, gleichsam auf den Seelengrund, indem er einerseits die inneren, seelischen Mechanismen aufdeckt, andererseits ihren Charakter als Zustand und als Teufelskreis. Dabei betont er, dass Korruption und Sünde nicht gleichzusetzen seien. Als Ursprung sozialer Korruption diagnostiziert er das »korrupte Herz«, also das Innere des Menschen, die böse Gesinnung, aus der alles böse Tun stammt, ob Diebstahl und Habgier, Mord und Verleumdung, Ehebruch und Ausschweifung (vgl. Mt 7,20–23). Dass uns der Hang zum Bösen innewohnt, meint auch der aufgeklärte Philosoph, der wie Kant[14] von der inneren Verkehrtheit und Bösartigkeit, von der »Verderbtheit *(corruptio)* des

---

[14] Immanuel Kant, *Die Religion innerhalb der Grenzen der bloßen Vernunft* B 23, hg. von Karl Vorländer (PhB 45), Hamburg 1966, S. 30.

EINFÜHRUNG VON MICHAEL SIEVERNICH SJ

menschlichen Herzens« spricht. Spirituell geht es um die innere Bosheit, die jeder Sünde inhärent ist und die auch ohne verbietendes Gesetz Bosheit bleibt. Wenn einer die aus seinem bösen Herzen kommenden persönlichen Sünden erkennt, bereut und vor Gott *(coram Deo)* bekennt, kann er Vergebung und Versöhnung erlangen. Der bekennende Sünder lebt von der Transzendenz gnadenhafter Vergebung.

Anders sieht es bei den Korrupten aus, da sie keine Reue oder Vergebung kennen, sondern ihr korruptes Herz selbstzufrieden in der Immanenz verharrt, im Zustand gnadenloser Selbstbezogenheit. Unser Autor beschreibt den qualitativen Sprung zur Korruption und die subtilen Weisen, wie sie sich breitmacht, schamlos durchsetzt, im Spott über andere triumphiert und sich unter dem Deckmantel geheuchelter Wohlanständigkeit als »normal«, also normgebend etabliert. Es gibt aber nicht nur schwer Korrupte, wie Bergoglio ausführt, sondern auch lässlich Korrupte, bei denen Korruption auf kleiner Flamme köchelt, selbst bei Ordensleuten.

Wie aber können individuelle Sünden systemisch werden, also ein Milieu oder eine Gesellschaft bestimmen und pekkaminöse Strukturen hervorbringen? Das Zweite Vatikanische Konzil gibt erste Hinweise, wenn es Störungen der sozialen

Ordnung auf politische und wirtschaftliche Spannungen zurückführt, aber auch auf tiefere Wurzeln wie Egoismus und Hochmut, »die auch das gesellschaftliche Umfeld verderben. Sobald aber die Ordnung der Dinge von den Folgen der Sünde betroffen wird, findet der mit Neigung zum Bösen geborene Mensch wieder neue Anreize *(incitamenta)* zur Sünde, die ohne ernsthafte Bemühungen mit Hilfe der Gnade nicht überwunden werden können.«[15] Was sich hier andeutet, haben lateinamerikanische Kirche und Theologie auf den Punkt gebracht, wenn sie von einer »Objektivierung der Sünde im wirtschaftlichen, sozialen, politischen und ideologisch-kulturellen Bereich« sprechen und in einem Atemzug persönliche und »soziale Sünde« nennen.[16] Diese Ausdrucksweise verlagert nicht das Ethos von den Personen auf die Strukturen, sondern stärkt im Gegenteil die Verantwortung des Subjekts nicht nur für sein persönliches Fehlverhalten, sondern auch für die gesellschaftlichen Strukturen, wenn sie gleichsam sündhaft geprägt werden. Subjektiv schuldig wird, wer mithilft, solche soziale

---

[15] *Gaudium et spes* Nr. 25.
[16] *Die Evangelisierung Lateinamerikas in Gegenwart und Zukunft* (Dokument von Puebla 1979), in: Die Kirche Lateinamerikas (Stimmen der Weltkirche 8), Bonn 1985, Nr. 1113 und 487.

EINFÜHRUNG VON MICHAEL SIEVERNICH SJ

Unordnungen korruptiver Art hervorzubringen und zu bewahren, wer zum Nutznießer wird oder komplizenhaft dazu schweigt. So wird er zum direkten oder indirekten Mitverursacher einer Situation, die wiederum mit Anreizen dispositiv auf andere wirkt. Es kommt also darauf an, Teufelskreise der privaten und institutionellen Korruption zu durchbrechen und an der Hervorbringung positiver Regelkreise des Guten mitzuwirken, die Anreize zur Verantwortung bieten. Es geht also nicht nur um ein persönlich reines Gewissen, sondern auch um die ethische Sorge für nicht-korrupte Institutionen in Verantwortung vor Gott und in Solidarität mit den anderen.

Jorge Mario Bergoglio
Papst Franziskus

KORRUPTION UND SÜNDE

Bei den Treffen mit diözesanen und bürgerlichen
Organisationen unserer Stadt taucht häufig, fast
ständig, das Thema Korruption als eine der alltäglichen Lebenswirklichkeiten auf. Es ist die Rede von
offensichtlich korrupten Personen und Institutionen, die in einen Auflösungsprozess eingetreten
sind und darüber ihr eigentliches Wesen eingebüßt
haben – ihre Fähigkeit, zu bestehen, zu wachsen,
nach der Fülle zu streben, der Gesellschaft als gan-
zer zu dienen. Das ist nichts Neues: Seit es Menschen gibt, hat es schon immer dieses Phänomen
gegeben, das offensichtlich einen Prozess des
Absterbens darstellt: Wenn das Leben erstirbt, gibt
es Korruption. Oft fällt mir auf, dass man *Korruption* mit *Sünde* gleichsetzt. In Wirklichkeit verhält
es sich nicht so. Die Situation der Sünde und der
Zustand der Korruption sind zwei unterschiedliche
Wirklichkeiten, auch wenn sie zutiefst miteinander
verbunden sind.

Weil ich diese Sachlage kenne, schien es mir
angebracht, einen Artikel wieder zu veröffentlichen,

den ich 1991 verfasst habe. Damals widmeten die Medien diesem Thema große Aufmerksamkeit. Es war die Zeit, in welcher der Fall Catamarca* die Nation polarisierte und viele darüber erschrocken waren, dass Dinge dieser Art überhaupt möglich sein sollten. Später haben wir uns an das Wort gewöhnt ... und auch an die Sache selbst, als wäre sie ein Teil des täglichen Lebens. Wir wissen, dass wir alle Sünder sind; aber das Neue, das im kollektiven Vorstellungsvermögen seinen Platz bekam, bestand darin, dass die Korruption anscheinend zu einem Teil des normalen Lebens einer Gesellschaft wurde, zu einer zwar verurteilten, aber gleichzeitig *akzeptierten* Dimension des bürgerlichen Zusammenlebens. Ich möchte mich nicht in Beispielen verlieren: Die Zeitungen sind voll davon.

Die Erzdiözese hält nun ihre Versammlung ab. Wir können das Thema nicht übergehen, das, wie gesagt, oftmals in unseren Unterhaltungen und Begegnungen auftaucht. Wir tun gut daran, gemeinsam über dieses Problem und auch über sein Verhältnis zur Sünde nachzudenken. Es wird uns gut-

---

* Im argentinischen Catamarca war 1990 der engere Freundeskreis der Familie des amtierenden Gouverneurs in den Mord an einem 15-jährigen Mädchen verstrickt (Anm. d. Red.).

tun, unsere Seele von der prophetischen Kraft des Evangeliums erschüttern zu lassen, die uns mit dem wahren Wesen der Dinge konfrontiert und dem Geschwätz entgegenwirkt, die menschliche Schwäche schaffe zusammen mit der Komplizenschaft den geeigneten Nährboden für die Korruption. Es wird uns sehr guttun, im Licht des Wortes Gottes zu lernen, die verschiedenen Spielarten der Korruption zu unterscheiden, die uns umgeben und bedrohen, um uns zu verführen. Es wird uns guttun, wieder zueinander zu sagen: »Sünder – ja; korrupt – nein!«, und das mit Furcht zu sagen, damit wir nicht einfach die Gegebenheit der Korruption als eine zusätzliche Sünde akzeptieren.

»Sünder – ja«. Wie schön ist es, das hören und sagen zu können, und uns in diesem Augenblick in die Barmherzigkeit des Vaters zu versenken, der uns liebt und immer erwartet. »Sünder – ja«, wie es der Zöllner im Tempel sagte (»Gott, sei mir Sünder gnädig!« [Lk 18,13]); wie es Petrus zuerst hörte und dann selbst verlauten ließ, zunächst mit Worten (»Herr, geh weg von mir; ich bin ein Sünder« [Lk 5,8]) und dann durch Tränen, als er in jener Nacht den Hahn krähen hörte; wie es die Genialität von Johann Sebastian Bach in der erhabenen Arie *Erbarme dich, mein Gott* zum Ausdruck brachte. »Sünder – ja«, wie es uns Jesus im Gleichnis über den verlorenen Sohn lehrte, der sagte: »Ich habe mich gegen den Himmel und gegen dich versündigt« (Lk 15,21), und später nicht mehr weitersprechen konnte, als er durch die herzliche Umarmung des ihn erwartenden Vaters zum Schweigen gebracht wurde. »Sünder – ja«, wie es uns die Kirche am Beginn der Messe bekennen lässt und wie es uns auch jedes Mal bewusst wird, wenn wir auf den gekreuzigten Herrn blicken. »Sünder – ja«, wie es David sagte, als ihm der Prophet Nathan mit der Kraft der Prophetie die Augen öffnete (vgl. 2 Sam 12,13).

Doch wie schwer ist es, durch prophetische Kraft ein korruptes Herz aufzusprengen! Es ist so sehr in der Zufriedenheit seiner Selbstgenügsamkeit befangen, die keine Infragestellung erlaubt. »Er sammelt Schätze für sich selbst, aber ist vor Gott nicht reich« (Lk 12,21). Er fühlt sich behaglich und glücklich wie jener Mann, der den Bau neuer Scheunen plante (vgl. Lk 12,16–21) und im Fall einer schwierigen Situation alle Finten kennt, um sich herauszuwinden, so wie es der ungetreue Verwalter tat (vgl. Lk 16,1–8), der die in Buenos Aires übliche Philosophie des »Wer nicht klaut, ist blöd« vorweggenommen hat. Der Korrupte hat sich ein Selbstbild zurechtgelegt, das auf seinen betrügerischen Verhaltensweisen basiert, er wählt den Weg der Vorteilsnahme, der ihn zwar am schnellsten zum Ziel führt, den er aber mit dem Verlust der eigenen Würde und der Würde seiner Mitmenschen bezahlen muss. Der Korrupte hat das Antlitz des *Ich war's nicht,* das »Gesicht eines Heiligenbildchens«, wie meine Großmutter zu sagen pflegte. Sie hätte eine Ehrendoktorwürde in gesellschaftlicher Kosmetiklehre verdient! Wie schwer ist es, dass hier die Prophetie Einlass erhält! Deswegen sagen wir zwar: »Sünder – ja«, schreien allerdings gleichzeitig mit aller Kraft: »Aber korrupt – nein!«

Zu den charakteristischen Zügen des Korrupten, der mit der Prophetie konfrontiert wird, gehört, dass er sich nicht infrage stellen lässt. Er verträgt keinerlei Kritik, wertet die Person oder Institution ab, die sie vorbringt, versucht jede moralische Autorität zu entkräften, die ihn in Zweifel ziehen könnte, greift zu seiner Rechtfertigung auf eine sophistische Argumentation und auf ein nominalistisch-ideologisches Gleichwertigkeitsdenken zurück, entwertet die Übrigen und beleidigt diejenigen, die anders denken (vgl. Joh 9,34). Der Korrupte pflegt sich unbewusst selbst zu verfolgen, und die Irritation, die diese Selbstverfolgung auslöst, projiziert er auf die anderen; so wird er vom Verfolger seiner selbst zum Verfolger seiner Mitmenschen. Der heilige Lukas zeigt die Wut dieser Menschen angesichts der wahren Prophetie Jesu (Lk 6,11): »Da wurden sie von sinnloser Wut erfüllt und berieten, was sie gegen Jesus unternehmen könnten.« Sie fahren damit fort, ein Terrorregime gegen alle jene zu errichten, die ihnen widersprechen (vgl. Joh 9,22), um sie letztlich aus der Gesellschaft auszustoßen (vgl. Joh 9,34–35). Sie fürchten das Licht, weil ihre Seele zum Wurm geworden ist: umgeben von Dunkelheit und unter der Erde. Der Korrupte erscheint im Evangelium als einer, der mit der Wahrheit spielt: Er stellt Jesus Fallen (vgl. Joh 8,1–11; Mt 22,15–22; Lk 20,1–8), er intrigiert, um ihn zu Fall zu bringen (vgl. Joh 11,45–57; Mt 12,14) und sucht nach jemandem, der bereit ist, Jesus zu verraten (vgl. Mt 25,14–16) oder an die zuständigen Behörden auszuliefern (vgl. Mt 28,11–15). Der heilige Johannes charakterisiert derartige Menschen mit einem einzigen Satz: »Und das Licht leuchtet in der Finsternis, und die Finsternis hat es nicht erkannt« (Joh 1,5). Es sind Menschen, die das Licht nicht erkennen. Wir können die Evangelien erneut lesen, um die typischen Wesenszüge dieser Menschen und ihre Reaktion auf das Licht ausfindig zu machen, das der Herr ausstrahlt.

Ich lege meine Schrift also erneut vor und würde mir wünschen, dass er uns – während der Versammlung der Erzdiözese – dabei behilflich sein kann, die Gefahr des persönlichen und gesellschaftlichen Zusammenbruchs zu erkennen, welche die Korruption in sich birgt; dass er uns in der Wachsamkeit unterstützt, denn ein täglicher Zustand der Komplizenschaft in Verbindung mit der Sünde kann uns zur Korruption führen. Die Zeit des Advents eignet sich sehr gut dafür, aufmerksam auf die Dinge zu achten, die uns daran hindern, das Herz für den Wunsch nach einer Begegnung mit dem auf uns zukommenden Jesus Christus zu öffnen. Wir sollten die Begegnung mit ihm wagen, um erneuert den Weg des christlichen Lebens zu beschreiten.

Ich möchte besonders P. Gustavo O. Carrara für seine moralische Unterstützung bei der Erarbeitung dieser Veröffentlichung danken.

Buenos Aires, 8. Dezember 2005
Fest der Unbefleckten Empfängnis

Kardinal Jorge Mario Bergoglio SJ

KORRUPTION UND SÜNDE
Einige Überlegungen zum Thema Korruption

Heutzutage spricht man viel von Korruption, vor allem in Bezug auf den politischen Bereich.[1] In verschiedenen gesellschaftlichen Milieus klagt man diese Verhaltensweise an. Mehrere Bischöfe haben auf die »moralische Krise« hingewiesen, die viele Institutionen erleben. Andererseits ist die allgemeine Reaktion auf bestimmte Tatbestände, die auf Korruption hinweisen, stärker geworden und in einigen Fällen, wie etwa in dem von Catamarca, hat angesichts der Unfähigkeit, eine Lösung für die Probleme zu finden, das Handeln des Volkes Erscheinungsformen hervorgebracht, die an ein neues Fuenteovejuna* denken lassen. Wir erleben einen

---

[1] Octavio Frigerio: *Corrupción, un problema político.* In: La Nación, 4. März 1991, S. 7.

* Titel eines Stücks von Lope de Vega Carpio, entstanden ca. 1613. Es basiert auf einem historischen Ereignis im gleichnamigen Ort in Kastilien aus dem Jahr 1476. Dorfbewohner hatten einen tyrannischen Feldherrn getötet und alle weigerten sich geschlossen, Schuldige zu benennen. Schließlich musste das ganze Dorf freigesprochen werden (Anm. d. Red.).

Augenblick, in dem der Tatbestand der Korruption auf besondere Weise neu auftaucht.

Zweifellos ist jede gesellschaftliche Korruption nichts anderes als die Folge eines korrupten Herzens ... Es gäbe keine gesellschaftliche Korruption ohne korrupte Herzen: »Was aus dem Menschen herausgeht, das macht ihn unrein. Denn von innen, aus dem Herzen der Menschen, kommen die bösen Gedanken, Unzucht, Diebstahl, Mord, Ehebruch, Habgier, Bosheit, Hinterlist, Ausschweifung, Neid, Verleumdung, Hochmut und Unvernunft. All dieses Böse kommt von innen und macht den Menschen unrein« (Mk 7,20–23).

Ein korruptes Herz: Darum geht es. Warum wird ein Herz korrupt? Das Herz ist für den Menschen *keine letzte Instanz*, die in sich selbst verschlossen wäre. Dort endet die Beziehung nicht (umso weniger auch die moralische Beziehung). Das menschliche Herz ist vielmehr in dem Maße Herz, in dem es dazu fähig ist, sich auf etwas anderes zu beziehen, in dem Maße, in dem es *fähig ist, sich zu verbinden*, in dem Maße, in dem es fähig ist, zu lieben oder die Liebe zu verneinen (zu hassen). Deshalb lenkt Jesus bei seiner Aufforderung, das Herz als Quelle unserer Handlungen wahrzunehmen, unsere Aufmerksamkeit auf diese endgültige Bindung unseres unruhigen Herzens:

»Denn wo dein Schatz ist, da ist auch dein Herz«
(Mt 6,21). Das Herz des Menschen und seine
Beschaffenheit zu kennen, beinhaltet notwendigerweise, auch den Schatz zu kennen, auf den dieses
Herz bezogen ist, den Schatz, der es befreit und
erfüllt oder es zerstört und versklavt. In letzterem
Fall ist es der Schatz, der es korrupt macht – und
zwar in der Weise, dass der Tatbestand der Korruption (sei sie persönlich oder gesellschaftlich) auf das
Herz als Ursprung und Bewahrer der Korruption
verweist und das Herz wiederum auf den Schatz,
dem dieses Herz anhängt.

Methode

Ich möchte über diese Gegebenheit nachdenken, um
sie besser zu verstehen und dabei behilflich zu sein,
dass sich die Korruption nicht in einen Gemeinplatz
verwandelt, auf den man sich bezieht oder zu einem
jener Worte wird, wie man sie im nominalistischen
Räderwerk der gnostischen Kultur und der transver-
salen Werte verwendet – jener Kultur, die dazu
neigt, die Kraft des einzigen Wortes zu ersticken.
Ich glaube, dass es in erster Linie hilfreich sein
kann, in die innere Struktur der Korruption ein-
zudringen, »indem man die Gemeinheit und Bosheit

gewichtet, die sie in sich hat«,[2] im Wissen, dass es sich zwar bei der Korruption um einen Zustand handelt, der untrennbar mit der Sünde verbunden ist, dass sie sich aber in einem Punkt von ihr unterscheidet. Darüber hinaus ist es hilfreich, die Vorgehensweise einer korrupten Person, eines korrupten Herzens zu beschreiben (im Unterschied zu der eines Sünders). Des Weiteren möchte ich auf verschiedene Erscheinungsweisen von Korruption hinweisen, mit denen sich Jesus zu seiner Zeit auseinandersetzen musste.

Schließlich wird es hilfreich sein, nach der Form von Korruption zu fragen, die für einen Ordensangehörigen besonders charakteristisch sein könnte. Vorausgesetzt, er könne in ähnlicher Weise für Korruption empfänglich sein wie die übrigen Sterblichen, würde ich gerne einem Problem nachgehen, das ich als *Korruption auf kleiner Flamme* bezeichnen möchte – das heißt: die Möglichkeit, dass ein Ordensmann sein Herz korrumpiert hat, aber auf *lässliche* Art (man sehe mir den Ausdruck nach), also dass seine Treue zu Jesus Christus unter einer gewissen Schwäche leidet. Ist es möglich, dass ein

---

[2] *Geistliche Übungen* [Ignatius von Loyola: *Die Exerzitien,* übertragen von Hans Urs von Balthasar, Einsiedeln 1965] (im Folgenden GÜ), Nr. 57.

Ordensmann in einem korrupten Milieu mitwirkt? Kann es sein, dass er – auf die eine oder andere Art – teilweise oder auf lässliche Weise korrupt ist? Alle diese Dinge sind methodisch betrachtet Anlass, sich in verschiedene Sichtweisen hineinzubegeben und von dort aus das Thema Korruption anzugehen. Darüber hinaus ist festzuhalten, dass *Korruption* ein mit gegenwartsbezogenen Bedeutungen »geladenes Wort«[3] ist und man deswegen Gefahr läuft, die Überlegungen dahingehend zu forcieren, dass sie sich ihr anpassen.

Die Immanenz

Man darf *Sünde* nicht mit *Korruption* verwechseln. Die Sünde führt, vor allem wenn sie zur Wiederholung wird, zur Korruption, aber nicht quantitativ (so und so viele Sünden bringen Korruption hervor), sondern qualitativ, durch die Ausbildung von Verhaltensweisen, welche die Fähigkeit zur Liebe sukzessive abmindern und begrenzen, indem sie das Herz mehr und mehr auf Horizonte ausrichten, die sich in größerer Nähe zu seiner Immanenz, seinem

---

[3] Der Ausdruck stammt von Gerhard von Rad. [Bergoglio zitiert in der Anmerkung den deutschen Begriff.]

Egoismus befinden. Der heilige Paulus formuliert es folgendermaßen: »Denn was man von Gott erkennen kann, ist ihnen offenbar; Gott hat es ihnen [gemeint sind die ungerechten Menschen] offenbart. Seit Erschaffung der Welt wird seine unsichtbare Wirklichkeit an den Werken der Schöpfung wahrgenommen, seine ewige Macht und Gottheit. Daher sind sie unentschuldbar. Denn sie haben Gott erkannt, ihn aber nicht als Gott geehrt und ihm nicht gedankt. Sie verfielen in ihrem Denken der Nichtigkeit, und ihr unverständiges Herz wurde verfinstert. Sie behaupteten, weise zu sein, und wurden zu Toren. Sie vertauschten die Herrlichkeit des unvergänglichen Gottes mit Bildern, die einen vergänglichen Menschen und fliegende, vierfüßige und kriechende Tiere darstellen« (Röm 1, 19–23). Hier wird der Prozess sichtbar, der von der Sünde zur Korruption führt, was er an Blindheit, an Verzicht auf Gott zugunsten der eigenen Kräfte und so weiter beinhaltet.

Man könnte sagen, dass die Sünde verziehen wird, während es für die Korruption keine Vergebung gibt. Einfach deswegen, weil jedem korrupten Verhalten ein Gefühl des Überdrusses im Hinblick auf die Transzendenz zugrunde liegt: Gott gegenüber, der nicht müde wird, zu vergeben, bestimmt sich der Korrupte als jemand, der alles aus eigener Kraft zu schaffen vermag; er entbindet sich von der Bitte um Vergebung.

Damit stoßen wir auf ein erstes Charakteristikum jeder Korruption: *die Immanenz*. Bei einem korrupten Menschen ist eine grundlegende Selbstbezogenheit festzustellen, die sich zunächst unbewusst entwickelt und später als das Allernatürlichste angenommen wird. Die menschliche Selbstbezogenheit ist niemals abstrakt. Es handelt sich um eine Haltung des Herzens, die auf einen Schatz bezogen ist, der es verführt, umgarnt und träge macht: »Dann kann ich zu mir selber sagen: Nun hast du einen großen Vorrat, der für viele Jahre reicht. Ruh dich aus, iss und trink und freu dich des Lebens!« (Lk 12,19). Und auf merkwürdige Art und Weise entsteht ein Widerspruch: der *Selbstzufriedene* ist im Grunde genommen immer ein Sklave dieses Schatzes, und je mehr er zum Sklaven degeneriert, desto *unzufriedener* ist er im Hinblick auf die Festigkeit seiner Selbstbezogenheit. Hieraus erklärt sich, weshalb die Korruption nicht verborgen bleiben kann: Das Ungleichgewicht zwischen der Überzeugung, sich selbst genug zu sein, und der Wirklichkeit, eigentlich Sklave des Schatzes zu sein, lässt sich nicht unterdrücken. Es handelt sich um ein Ungleichgewicht, das nach außen wirkt und – wie es mit allem geschieht, was in sich selbst verschlossen ist – siedet, um mit dem eigenen Druck fertig zu werden ... und das beim Austreten den Geruch dieses Eingeschlossenseins ausströmt: Es riecht schlecht. Ja, die Korruption riecht nach Fäulnis. Wenn jemand schlecht zu riechen beginnt, hat das damit zu tun, dass er ein Herz hat, das in dem Druck zwischen seiner eigenen immanenten Selbstbezogenheit und der realen Unfähigkeit, sich selbst zu genügen, eingeschlossen ist. Es handelt sich um ein Herz, das durch die übertriebene Anhänglichkeit an einen Schatz, der es vollständig in Beschlag genommen hat, zusehends verfault.

Der Korrupte bemerkt seine Korruptheit nicht. Es geschieht das Gleiche wie beim schlechten Atem: Derjenige, der ihn hat, kann ihn nur schwer wahrnehmen. Es sind die anderen, die ihn spüren und es ihm sagen müssen. So kann sich auch der Korrupte nur schwer durch innere Gewissensbisse aus seiner Lage befreien. Die gute Luft wird in seiner Gegenwart *anästhesiert*. Normalerweise rettet ihn der Herr durch Prüfungen, die er in bestimmten Situationen zu bestehen hat (Krankheiten, materielle Einbußen, Verlust geliebter Menschen usw.). Sie sind es, die den Panzer der Korruption aufsprengen und der Gnade Einlass gewähren können. Auf diese Weise wird Heilung möglich.

Deshalb muss die Korruption mehr als vergeben werden, sie muss *geheilt* werden.[4] Sie gleicht einer beschämenden Krankheit, die man zu verheimlichen sucht, und man versteckt sich, bis man ihren Ausbruch nicht mehr verbergen kann ... Dann eröffnet sich die Möglichkeit, geheilt zu werden. Man darf die Korruption nicht mit Lastern verwechseln (auch wenn die Vertrautheit mit diesen dazu führt, sie in einen *Schatz* zu verwandeln). Der Korrupte möchte immer *den Anschein wahren:* Jesus wird die korruptesten Bereiche seiner Zeit als weiß getünchte Gräber bezeichnen (vgl. Mt 23,25–28). Der Korrupte wird seine *guten Eigenschaften* über den grünen Klee loben ... um so seine *schlechten Eigenschaften* verbergen zu können.[5]

---

[4] Vergeben, geheilt: Die Worte sind weder genau noch angemessen, weil jedes Verzeihen heilend ist. Hier stelle ich sie einander gegenüber, um ein besseres Verstehen zu ermöglichen.

[5] »Bei solchen Führungspersönlichkeiten (in Parteien) gibt es auch jene, die in der Art der zu Vestalinnen konvertierten Kurtisanen der Antike heute den Anspruch erheben, sich vom Verdacht (korrupt zu sein) zu befreien, indem sie als unerwartete Tempelwächter der öffentlichen Aufrichtigkeit auftreten« (Octavio Frigerio, a. a. O.).

Im Verhalten des Korrupten wird das kranke Tun schließlich als bloß unpassend erscheinen; es wird bestenfalls als *Schwäche* oder *Schwachstelle* angesehen, die von der Gesellschaft noch als verhältnismäßig statthaft oder entschuldbar bewertet wird. Zum Beispiel: Ein Korrupter, der Macht anstrebt, wird höchstens den Anschein erwecken, er sei ein wenig *launenhaft* oder *oberflächlich,* weshalb er dazu neige, seine Meinung zu ändern oder sich jeder Situation anzupassen: Dann wird man über ihn sagen, er sei schwach oder anpassungsfähig oder interessiert ... aber das grundlegende Übel seiner Korruption (das Streben nach Macht) wird verborgen bleiben. Ein anderer Fall: Ein Mensch, der wegen seines Hangs zu Luxus oder Geiz korrupt ist, wird seine Korruptheit durch Umgangsformen tarnen, die gesellschaftlich akzeptabler sind und sich dann als frivol präsentieren. Und die Frivolität ist weit schwerwiegender als sündhafter Luxus oder Geiz, einfach deswegen, weil sich hierbei der Horizont der Transzendenz in Richtung eines »etwas näher« verschiebt und dieser Prozess nur schwer rückgängig zu machen ist. Der Sünder, der sich als solcher erkennt, räumt auf irgendeine Weise die Falschheit des Schatzes ein, an dem er hing oder noch immer hängt ... der Korrupte hingegen hat mit seinem Laster einen *Schnellkurs in guter Erzie-*

hung absolviert; er verheimlicht seinen wahren Schatz, nicht indem er ihn dem Blick seiner Mitmenschen entzieht, sondern indem er ihn so modifiziert, dass er gesellschaftlich akzeptabel wird.[6] Und die Selbstbezogenheit wird stärker ... sie beginnt mit der Launenhaftigkeit und der Frivolität und endet mit der todsicheren Überzeugung, dass man besser ist als alle anderen:

»Einigen, die von ihrer eigenen Gerechtigkeit überzeugt waren und die anderen verachteten, erzählte Jesus dieses Beispiel: Zwei Männer gingen zum Tempel hinaus, um zu beten; der eine war ein Pharisäer, der andere ein Zöllner. Der Pharisäer stellte sich hin und sprach leise dieses Gebet: Gott, ich danke dir, dass ich nicht wie die anderen Menschen bin, die Räuber, Betrüger, Ehebrecher oder auch wie dieser Zöllner dort. Ich faste zweimal in der Woche und gebe dem Tempel den zehnten Teil meines ganzen Einkommens. Der Zöllner aber blieb ganz hinten stehen und wagte nicht einmal, seine Augen zum Himmel zu erheben, sondern schlug sich an die Brust und betete: Gott, sei mir

---

[6] »Hütet euch, eure Gerechtigkeit vor den Menschen zur Schau zu stellen ... Wenn ihr betet, macht es nicht wie die Heuchler ... Sie stellen sich beim Gebet gern in die Synagogen und an die Straßenecken, damit sie von den Leuten gesehen werden ... macht kein finsteres Gesicht ...« (Mt 6,1–18).

Sünder gnädig! Ich sage euch: Dieser kehrte als Gerechter nach Hause zurück, der andere nicht. Denn wer sich selbst erhöht, wird erniedrigt, wer sich aber selbst erniedrigt, wird erhöht werden« (Lk 18,9–14).

Vergleichen

»Nicht wie die anderen Menschen« – denn der Korrupte ist immer darauf angewiesen, sich mit anderen zu vergleichen, die ihm ähnlich zu sein scheinen (dazu gehört auch die Übereinstimmung mit dem Zöllner, der sich als Sünder bekannt hat), um seine eigene Inkohärenz zu bemänteln und sein eigenes Verhalten zu rechtfertigen. So erklärt zum Beispiel der Wankelmütige einen Menschen, für den die moralischen Grenzziehungen klar und nicht verhandelbar sind, zu einem Fundamentalisten, der antiquiert, in sich verschlossen und nicht auf der Höhe seiner Zeit ist. Und hier zeigt sich ein weiterer Wesenszug der Korruption: *die Art, wie man sich rechtfertigt.*

Denn im Grunde genommen muss sich der Korrupte stets rechtfertigen, auch wenn er sein eigenes Tun niemals infrage stellen würde. Für die Art, wie sich jene in die Korruption verstrickten

Menschen rechtfertigen (rechtfertigen bedeutet hier, sich mit anderen zu vergleichen), sind *zwei Dinge charakteristisch*. *Zuallererst* rechtfertigt man sich in Bezug auf extreme, überzogene oder in sich schlechte Verhaltensweisen wie Habgier, Ungerechtigkeit, Ehebruch, Nichtfasten oder Nichtbezahlen des Zehnten ... (wie in dem oben zitierten Gleichnis). Indem man sich auf etwas Übertriebenes oder auf eine unbezweifelbare Sünde bezieht, generiert man – mithilfe dieser Bezugnahme – einen Vergleich zwischen den *guten Manieren* bei den eigenen Fehlern und der Schlagkraft besagter Sünden. Es handelt sich um einen unrechtmäßigen Vergleich, weil die Vergleichsgrößen von unterschiedlicher Art sind: Man vergleicht einen Anschein mit der Wirklichkeit. Gleichzeitig wendet man auf sein Gegenüber eine Wirklichkeit an, die eben nicht so ist. Und hier zeigt sich die *zweite Charaktereigenschaft der Korruption:* Beim Vergleich wird der Begriff, auf den man sich bezieht, karikiert und verfälscht (oder es scheint zumindest so). Er wird entweder als solcher verzerrt (wie am Beispiel von Pharisäer und Zöllner gesehen) oder er wird entstellt, indem man ihn zu Situationen in Beziehung setzt, die in irgendeiner Weise verwandt erscheinen, wobei man Sachverhalte im Licht ähnlich gelagerter – vermeintlicher oder im falschen Kontext verwendeter – Tatbestände *interpretiert*. (Das gilt für die Behauptung der Pharisäer gegenüber Jesus: »Wir stammen nicht aus einem Ehebruch«[7] oder für die Reduktion des Handelns Jesu auf einen bloßen Aufruhr, wie er zu seiner Zeit üblich war: »Wenn du ihn freilässt, bist du kein Freund des Kaisers; jeder, der sich als König ausgibt, lehnt sich gegen den Kaiser auf.«[8] Hier projiziert man in den Vergleich ein politisches Ereignis). Wenn wir auf Rechtfertigungen dieses Typs stoßen, können wir im Allgemeinen davon ausgehen, dass es sich um einen Fall von Korruption handelt.

---

[7] Joh 8,39–41. Laurentin verweist in Bezug auf diesen Text auf diverse Auslegungen, welche die Meinung vertreten, er beziehe sich auf die Mutter Jesu zu dem Zeitpunkt, als sie von Aim Karim nach Nazaret zurückkehrte. Die Anzeichen für ihre Mutterschaft waren nicht mehr zu übersehen, weshalb Joseph sie heimlich verlassen wollte. Viele hätten Schlechtes von ihr gedacht und geglaubt, dass sie gegen das Gesetz verstoßen hätte. Diese Auslegung ist vom biblischen Gesichtspunkt aus wahrscheinlich … und die Pharisäer können sich hier an der Mutter Jesu schadlos halten. Es würde mir nicht schwerfallen, die Auslegung unter theologischem Gesichtspunkt zu akzeptieren, aber ich würde einen Schritt weitergehen, vor allem hinsichtlich der Demütigung Jesu und seiner Mutter, die ihn auf seinem ganzen Weg begleitete.
[8] Joh 19,12. Offensichtlich liegt hier ein Reduktionismus beim Vergleichen vor.

Durch das Vergleichen erhebt sich der Korrupte zum Richter über die anderen: Er macht sich zum *Maßstab* für moralisches Verhalten.[9] »Ich bin nicht wie dieser da« bedeutet: »Der ist nicht wie ich, und dafür danke ich dir.«[10] Es ist, wie wenn man sagen würde: Ich bin der Maßstab für die Normerfüllung (ich erfülle sie und lüge): Ich zahle den Zehnten usw. ... Aber hinter dieser Maßstabsetzung verbirgt sich noch etwas Subtileres: Niemand kann so sehr die Wirklichkeit seinem Maßstab unterwerfen, ohne zu riskieren, dass sich genau diese Wirklichkeit gegen ihn selbst wendet.

---

[9] Um sich selbst zum Richter zu erheben, versucht der Korrupte als *ausgeglichener,* als *zentrierter* Mensch zu erscheinen; und wenn die Umstände ihn dazu zwingen, unverhältnismäßige Maßnahmen zu treffen, die seine Korruptheit erkennbar machen und ein Ungleichgewicht offenbaren würden, weiß er zu demonstrieren, dass diese Disbalance zur Etablierung eines größeren Gleichgewichts nötig war ... Aber nie, auch nicht im taktischen Ungleichgewicht, wird er aufhören, sich als Richter einer Situation zu fühlen. Vgl. dazu die Aussage von Frigerio in Anmerkung 5: Gerade die Korruption verwandelt den Höfling in eine Vestalin, wenn es ihm nützlich erscheint.

[10] Das heißt: »Ich danke dir, weil es so wenige wie mich gibt.« Der Korrupte hält sich von jeder *Kooperation* fern, da er stets glaubt, *weit über* dem anderen zu stehen.

Gegen einen selbst wenden. Das Sein ist transzendental gesprochen das *verum,* und ich kann es durch die Verneinung der Wahrheit verbiegen und verzerren wie ein Handtuch ..., aber das Sein wird dennoch immer das *verum* bleiben, auch wenn es jemand fertigbringt, es – in seiner situationsbezogenen Immanenz – auf andere Art darzustellen. Das Sein ist darum bemüht, sich zu zeigen, so wie es ist.[11] Gerade im Kern des Urteils, das ein Korrupter äußert, steckt eine Lüge, eine Lüge gegenüber dem Leben, eine metaphysische Lüge gegen das Sein, die sich im Lauf der Zeit gegen den wenden wird, der sie ausspricht. Auf moralischer Ebene wird dieser Prozess von den Korrupten vermieden, indem sie ihre eigene Bosheit auf andere projizieren. Aber das ist lediglich eine vorläufige und der Zeit unterworfene Lösung, die letztlich nur das Streben des Seins verstärkt, seine Wahrhaftigkeit wiederzuerlangen (natürlich hat es seine Wahrheit nie eingebüßt). Und Jesus sagte dem Korrupten, dass nicht der

---

[11] Die ganze Schöpfung sehnt sich danach, gleichsam in *Geburtswehen* liegend, um mit dem heiligen Paulus in Röm 8,22 zu sprechen.

andere das Böse ist, sondern dass »dein Auge böse ist«.[12]

Die Korruption führt zum Verlust der *Scham,* welche über die Wahrheit wacht und die Wahrhaftigkeit der Wahrheit ermöglicht. Die Scham wacht zudem nicht nur über die Wahrheit, sondern auch über die Güte, Schönheit und Einheit des Seins. Die Korruption bewegt sich auf einer anderen Ebene als die Scham: Indem sie sich *ein bisschen näher* an der Transzendenz ansiedelt, rückt sie notwendigerweise in ihrem Anspruch und ihrer Gefälligkeit *weiter ab.* Sie hat den Weg eingeschlagen, der von der *Scham* zur *schamhaften Unverschämtheit* führt.[13]

---

[12] Mt 6,22. Und wenn es böse ist, ist es besser, wenn du es ausreißt.

[13] Vielleicht lässt sich das durch einen Vergleich besser verstehen. Einer Frau eine Handtasche zu stehlen, ist Sünde, man bringt den Dieb zur Polizei, die Frau erzählt ihren Freundinnen, was ihr passiert ist, alle sind sich darin einig, dass es in der Welt böse zugeht und dass die Behörden Maßnahmen dagegen ergreifen müssten, dass man sich nicht mehr auf die Straße trauen könne … und die besagte Frau, das Opfer des Diebes, denkt nicht daran, wie sich ihr Mann bei seinen Geschäften verhält, wie er den Staat betrügt, indem er die Steuern nicht bezahlt, und seine Angestellten alle drei Monate entlässt, um feste Arbeitsverhältnisse zu vermeiden usw. Und ihr Mann, vielleicht auch sie selbst, brüsten sich bei Empfängen mit diesen geschäftlichen und kaufmän-

Verbunden mit diesem *Maßstab-Sein* im Hinblick auf das Urteilen kann man einen weiteren Wesenszug der Korruption ausmachen: Jede Korruptheit entfaltet sich in einer Atmosphäre des Triumphalismus und drückt sich gleichzeitig in ihr aus. Der Triumphalismus ist der ideale Nährboden für korrupte Handlungen, weil die Erfahrung lehrt, dass eine derartige Vorgehensweise zu guten Ergebnissen führt.

---

nischen Tricks; das nenne ich schamhafte Unverfrorenheit. Ein anderer Fall: Prostitution ist Sünde, und die Prostituierten nennt man *Frauen mit schlechtem Lebenswandel* oder einfach *schlechte Frauen.* In der Gesellschaft sagt man, sie seien verdammenswert, weil sie die Kultur und die gute Erziehung vergifteten usw. usw. Und die gleiche Person, die sich solchermaßen äußert, geht zum Fest anlässlich der dritten Eheschließung einer Bekannten (nach der zweiten Scheidung) oder akzeptiert, dass dieser oder jener einige Liebesabenteuer hat (der gute Geschmack muss dabei immer gewahrt bleiben) oder dass man die unglücklichen Liebschaften dieser oder jener Schauspielerin veröffentlicht, die den Partner wechselt wie ihre Schuhe. Daraus schließe ich: Es gibt einen Unterschied zwischen einer Prostituierten und einer sogenannten *Frau ohne Vorurteile.* Erstere hat ihr Schamgefühl nicht völlig verloren; Letztere befindet sich offensichtlich weit jenseits des Schamgefühls, in einer Haltung der Unverfrorenheit, in der die gesellschaftlichen Konventionen sie in eine schamhafte Frau verwandeln.

Demzufolge fühlt sich der Korrupte als *Gewinner,* er triumphiert. In diesem Ambiente der Siegesgewissheit findet der Korrupte *Bestätigung* und gleichzeitig *kommt er voran.* Alles läuft gut. Und aus diesem *Atmen des Erfolges,* aus dieser Erfahrung von Rückenwind werden die Situationen durch Fehleinschätzungen umgedeutet und verschärft.

Es geht hierbei nicht um einen Triumph, sondern um Triumphalismus. Launenhaftigkeit und Frivolität sind beispielsweise Formen von Korruption, die problemlos in jener verhängnisvollen Aura angesiedelt sein können, die Henri de Lubac als »geistliche Weltlichkeit«[14] bezeichnet. Sie ist nichts anderes als der Triumph, der durch die Fähigkeiten des Menschen in Triumphalismus verwandelt wurde, der heidnische Humanismus im Gewand des christlichen *Gemeinsinns.* Der Korrupte nimmt in seine Persönlichkeit stabile Formen der Degeneration des Seins auf und geht dabei so vor, dass diese einen positiven Impetus erhalten, bis dahin, dass sie sich selbst zu einem Vorgeschmack der Letzten Dinge hochstilisieren, wie sie der Triumphalismus darstellt.

---

[14] Henri de Lubac: *Méditation sur l'Église* (Œuvres completes Bd. 8), Paris 2003, 327f. [*Die Kirche. Eine Betrachtung,* übersetzt und eingeleitet von Hans Urs von Balthasar, Einsiedeln 1968, 339. De Lubac zitiert hier Abt Anscar Vonier.].

Der Korrupte hat keine Hoffnung. Der Sünder hofft auf Vergebung ... der Korrupte dagegen nicht, weil er sich nicht in Sünde sieht: Er hat ja triumphiert. Die christliche Hoffnung ist gleichsam in den künftigen Möglichkeiten immanent geworden, die sich aus seinen schon errungenen Triumphen, aus seinen immanenten Anzahlungen ergeben.[15]

Genau dieser Triumphalismus, entstanden aus dem Gefühl, *der Maßstab* für jedes Urteilen zu sein, verleitet ihn zu der überheblichen Annahme, alle anderen durch *sein triumphalistisches Maß*

---

[15] Dieses Phänomen, die Hoffnung auf einen rein immanenten Bereich zu beschränken, entfaltet seine Stärke in der Lehre vom *Dritten Reich* bei Joachim von Fiore. Dessen Vorstellung von der Kirche ist demgemäß auch sehr fragwürdig. Auf dieser Grundlage wurden viele Systeme einer *immanenten Hoffnung* errichtet. Das Geheimnis der Kirche wurde so im Licht von kulturellen Bewegungen oder von immanenten politischen Ereignissen neu gelesen; auf diese Weise ergibt sich ein merkwürdiges Faktum: Um des Fortschritts willen und um einen weiteren Schritt in der Entwicklung der Menschheit zu bewerkstelligen, wird die Transzendenz zu etwas Immanentem, und gerade diese Immanenz ist ein *Fundamentalismus,* der gefährlicher ist als jener, den eine falsch verstandene *Rückkehr zu den Quellen* mit sich bringt. Es ist der Fundamentalismus der Immanenz, des Wiederlesens kirchlicher Geheimnisse mit Parametern politischer Erlösung oder der politisch-kulturellen Wirklichkeiten der Völker, mögen sie auch noch so gut sein.

erniedrigen zu können. Um es klar und deutlich zu sagen: Ein korruptes Ambiente und eine korrupte Person können nicht unter den Bedingungen von Freiheit entstehen. Der Korrupte kennt keine Geschwisterlichkeit oder Freundschaft, sondern nur *Komplizenschaft.* Für ihn gilt weder die Feindesliebe noch die Unterscheidung, die dem alten Gesetz: entweder Freund oder Feind, zugrunde liegt. Bei ihm gibt es nur den *Komplizen* oder den *Feind.* Wenn zum Beispiel ein Korrupter an der Ausübung von Macht teilhat, wird er immer andere in sein korruptes Verhalten mit einbeziehen, sie auf *sein Maß herunterziehen* und sie zu Komplizen jenes Lebensstils machen, für den er sich entschieden hat.[16] Und das in einem Ambiente, das sich angesichts seiner von übertriebenem Optimismus geprägten Lebensführung von selbst aufdrängt, eines Ambientes von *Brot und Spielen,* in dem der Anschein von Gemeinsinn hinsichtlich des Urteilens über die Dinge ebenso gewahrt bleibt wie der Glaube an eine Realisierbarkeit der unterschiedlichen Möglichkeiten. Denn die Korruption impli-

---

[16] Er ist nicht nur Maßstab in Bezug auf Wertentscheidungen, sondern auch Maßstab für den Zusammenschluss oder die Bezugnahme auf die Versammlung von Anhängern. Um Mitkämpfer zu sein, muss man sein Komplize werden.

ziert, dass sie sich selbst als Maßstab nimmt, deshalb ist sie immer auf *die Gewinnung Gleichgesinnter* ausgerichtet. Die Sünde und die Versuchung sind ansteckend ..., die Korruption hingegen will Proselyten machen.[17]

Diese um Proselytismus bemühte Dimension der Korruption verweist auf ihre Umtriebigkeit und auf die Fähigkeit, Menschen zu *versammeln.* Sie könnte ihr Vorbild in den kämpferischen Absichten des nach Vorherrschaft strebenden Luzifer haben, von denen der heilige Ignatius in den Geistlichen Übungen berichtet.[18] Es geht diesbezüglich nicht um einen Aufruf mit der Absicht, *Sünden zu begehen,* sondern darum, die Menschen für den Zustand der Sünde, den Zustand der Korruption *anzuwerben:* »Netze und Ketten ... man muss es zunächst mit der Gier nach Reichtümern ver-

---

[17] Drei Dinge sind für jede Versuchung zur Sünde charakteristisch: Die Versuchung *entsteht, steckt an und rechtfertigt sich.* Diese drei Merkmale tauchen, wenn auch in unterschiedlicher Art, ebenfalls beim Zustand der Korruption auf. Die Korruption *konsolidiert sich, führt zusammen und sieht sich als Doktrin.* Das *Wachsen* der Versuchung ist schon der Prozess der Konsolidierung; das *Anstecken* geschieht durch das Übernehmen einer aktiven Rolle und ist deshalb Proselytismus; schließlich wird die einfache *Rechtfertigung* sehr viel stärker ausgearbeitet und sieht sich als Doktrin.
[18] Vgl. GÜ, 142.

suchen ... damit sie leichter zur nichtigen Ehre der Welt finden (man kann lesen: zum Triumphalismus) und später zu großem Hochmut ...«. Es geht um einen Plan, mit dem der Mensch so stark gemacht werden soll, dass er *jetzt* (die erste Wegkreuzung)[19] oder *ganz* (die zweite Wegkreuzung)[20] der Einladung der Gnade widerstehen kann.[21]

Ein Blick auf die Zeit Jesu

Im Neuen Testament stößt man auf korrupte Menschen, bei denen die Gebundenheit an den Zustand der Sünde schon auf den ersten Blick klar hervortritt. Das ist der Fall bei Herodes dem Älteren[22] und bei Herodias.[23] Bei anderen verbirgt sich die Korruption hinter gesellschaftlich akzeptablen Verhaltensweisen; dies zeigt sich beispielsweise bei

---

[19] Vgl. GÜ, 153.

[20] Vgl. GÜ, 154.

[21] Hier ist der Bezug nicht zwingend, weil im Fall der Wegkreuzungen nicht deutlich wird, dass es um Korruption geht, sondern einfach um etwas, das »nicht rein und angemessen aus Liebe zu Gott« geschieht (GÜ, 150). Dennoch kann er zur Veranschaulichung dienen.

[22] Vgl. Mt 2,3–15.

[23] Vgl. Mt 14,3ff.; Mk 6,19.

Herodes (dem Sohn), der »Johannes gern zuhörte«[24] und hinter der Fassade der Verwunderung seine Korruptheit zu verschleiern versucht; oder man denke an Pilatus, der so tut, als gehe ihn die Angelegenheit nichts an, und deshalb seine Hände in Unschuld wäscht,[25] aber im Grunde genommen den korrupten Bereich seines Machtstrebens um jeden Preis verteidigen möchte.

Es gab zur Zeit Jesu aber auch korrupte Gruppen: die Pharisäer, die Sadduzäer, die Essener und die Zeloten.[26] Der Blick auf diese Gruppen hilft uns sehr dabei, mit dem Tatbestand der Korruption – als Reaktion auf die heilbringende Botschaft Jesu und auf seine Person – vertraut zu werden. Diesen vier Gruppen sind *zwei zentrale Merkmale* zu eigen: *Zum einen* haben sie allesamt eine Lehre ausgearbeitet, die ihre Korruption rechtfertigt oder kaschiert. *Zum anderen sind* diese Gruppen am stärksten von den Sündern und vom Volk abgesondert, wenn sie

---

[24] Mk 6,20.
[25] Vgl. Mt 27,24.
[26] Vgl. dazu das Buch von Kurt Schubert: *Die jüdischen Religionsparteien in neutestamentlicher Zeit* (Stuttgarter Bibelstudien 43), Stuttgart 1970. Ich nehme hier eine allgemeinere und beinahe vereinfachende Beschreibung der Sache vor; mir geht es nur darum, den Sachverhalt der Korruption in den Eliten zu veranschaulichen.

nicht sogar ihre Feinde sind. Sie halten sich nicht nur für rein, sondern *proklamieren* mit ihrem Verhalten ihre Reinheit.

Die *Pharisäer* entwickeln die Lehre von der Erfüllung des Gesetzes weiter zu einem verhängnisvollen Nominalismus, und genau dieser bringt sie dazu, die Sünder zu verachten, denen sie vorwerfen, dieses rigorose Gesetz zu übertreten.[27] Die *Sadduzäer* betrachten die Sünder und das Volk als Kleinmütige, die nicht dazu fähig sind, mit den Mächtigen in den verschiedenen Lebensumständen zu verhandeln; sie beweisen gerade durch diese Lehre von den notwendigen Geschäftsbeziehungen zu den Mächtigen ihre innere Korruptheit, die ihnen den Zugang zur transzendenten Hoffnung versperrt. Die *Zeloten* suchen nach einer politischen Lösung *hier und jetzt;* das ist ihre Doktrin, hinter der sich eine gute Portion soziales Ressentiment und fehlende theologische Sensibilität für ihre Zeit verbirgt. Sie lehnen die *Theologie der Verbannung* ihres Volkes ab. Und die *Sünder,* das Volk werden dadurch letztlich zu *nützlichen Idioten,* die sie zusammenrufen, um sie für den bewaffneten Kampf ideologisch zu rüsten. Schließlich ist auf den ersten Blick schwer zu entdecken, welche Form von Korruption bei den

---

[27] Vgl. Mt 23,13f.

Essenern vorliegen könnte; es handelt sich bei ihnen ja um Menschen, die guten Willens sind, die sich nach Zurückgezogenheit sehnen und im klösterlichen Leben die Erlösung für eine auserwählte Gruppe suchen. Aber genau hier liegt ihre *Korruptheit:* Sie sind unter dem Deckmantel des Guten versucht worden und haben zugelassen, dass diese Versuchung zum lehrmäßigen Bezugspunkt für ihr Leben wurde. Für sie stehen die Sünder und das Volk ihren Bestrebungen fern und erscheinen demnach als ungeeignet, ihre Gruppe zu verstärken Die Antwort Jesu an Johannes den Täufer richtet sich in weit stärkerem Maß an sie: »Geht und berichtet Johannes, was ihr gesehen und gehört habt: Blinde sehen wieder, Lahme gehen, und Aussätzige werden rein; Taube hören, Tote stehen auf, und den Armen wird das Evangelium verkündet« (Lk 7,22).

Jesus tritt inmitten dieser vier Gruppen, dieser vier lehrmäßigen Strömungen auf und erneuert die Verheißungen der Erlösung, die an sein Volk ergangen sind.[28] Er greift auf das Erbe seines Volkes zurück, wie etwa bei den Versuchungen in der Wüste. Er liest die Heilige Schrift neu, denn sie bezeugt *seinen Stil,*[29] in Abgrenzung zu den alterna-

---

[28] Vgl. Jes 26,19; 42,7; 61,1.
[29] Vgl. Joh 5,39.

tiven Lebensweisen, die diese vier Eliten propa-
gieren.

Resümee

Die Korruption ist keine Handlung, sondern ein
Zustand, ein persönlicher und gesellschaftlicher
Zustand, in dem jemand sein Leben einrichtet. Die
Werte (oder Unwerte) der Korruption sind Bestand-
teile einer *wirklichen Kultur,* die ausgestattet ist mit
den Eigenschaften einer Lehre, einer spezifischen
Sprache und besonderen Vorgehensweisen. Es handelt sich um eine Kultur, die die Menschen zu *Zwer-
gen* macht, indem sie Anhänger wirbt, um sie dann
auf das Niveau der zugestandenen Komplizenschaft
herabzuwürdigen. Diese Kultur ist von einer dop-
pelten Dynamik gekennzeichnet: von der zwischen
Anschein und Wirklichkeit und jener zwischen
Immanenz und Transzendenz. Der Anschein ist
nicht dadurch bestimmt, dass sich hier die Wirklichkeit durch Wahrhaftigkeit herausbildet, sondern
durch die Konstruktion dieser Wirklichkeit, um
damit eine möglichst breite gesellschaftliche Akzep-
tanz zu erhalten. Es handelt sich um eine Kultur des
Wegnehmens: Es wird Wirklichkeit zugunsten des
Anscheins weggenommen. Die Transzendenz rückt

immer ein *bisschen näher,* sie wird fast zur Immanenz ... oder allenfalls zu einer salonfähigen Transzendenz. Das Sein wird nicht mehr behütet, sondern eher durch eine Art von schambesetzter Unverfrorenheit misshandelt. In der Kultur der Korruption gibt es viel Unverschämtes, obwohl das in einem korrupten Milieu Erlaubte anscheinend in strengen Normen viktorianischer Prägung *festlegt* ist. Ich habe darauf hingewiesen, dass dies ein Kult um die guten Verhaltensweisen ist, der das Ziel verfolgt, die schlechten Handlungen zu verdecken. Und diese Kultur setzt sich im Laissez-faire eines alltäglichen Triumphalismus durch.

Nicht immer wird jemand plötzlich korrupt. Häufiger trifft das Gegenteil zu. Es gibt einen Weg, auf dem jemand ins Straucheln kommt. Und dieser Weg ist nicht ohne Weiteres gleichzusetzen mit dem Weg, der uns dazu verleitet, Sünden zu begehen. So kann jemand ein großer Sünder und doch nicht der Korruption verfallen sein: Vielleicht trifft das auf Zachäus, Matthäus, die Samariterin, Nikodemus und den guten Schächer zu, die alle trotz ihres sündigen Herzens etwas besaßen, das sie vor der Korruption rettete: Die Anhänglichkeit an die Immanenz, wie sie für den Korrupten charakteristisch ist, hatte sich noch nicht festgesetzt, sie waren immer noch offen für die Vergebung. Ihre Taten entstammten zwar einem sündigen Herzen, waren in vielen Fällen sogar böse, aber gleichzeitig *empfand* das Herz, das sie hervorbrachte, seine eigene Schwäche. Und dadurch konnte die Kraft Gottes Einzug halten. »Denn das Törichte an Gott ist weiser als die Menschen, und das Schwache an Gott ist stärker als die Menschen« (1 Kor 1,25).

Ich unterscheide jeweils (was gefährlich sein kann) zwischen Sünde und Korruption; aufs Ganze gesehen ist diese Unterscheidung richtig. Und trotzdem muss man auch bekräftigen, dass die Sünde der Weg zur Korruption ist. Wie geht das vor sich? Es handelt sich um eine subtile Form des Fortschreitens oder besser gesagt: des *qualitativen Sprungs* von der Sünde zur Korruption. Der Verfasser des Hebräerbriefs sagt uns: »Seht zu, dass niemand die Gnade Gottes verscherzt, dass keine bittere Wurzel wächst und Schaden stiftet und durch sie alle vergiftet werden« (Hebr 12,15): Es ist offensichtlich, dass er hier nicht von der Sünde spricht, sondern auf einen Zustand der Korruption hinweist. Hananias und Saphira sündigten, aber es handelte sich nicht um eine Sünde, die ihren Ursprung in einem schwachen Herzen hat; vielmehr ging es hier um Korruption, um einen Betrug, denn sie täuschten Gott[30]

---

[30] Vgl. Apg 5,4.

und wurden wegen dieses korrupten Verhaltens bestraft, das bei ihnen zu einem betrügerischen Verhalten führte.

Muss man die Schwierigkeit der Unterscheidung zwischen Sünde und Korruption überhaupt thematisieren? Ich glaube, dass lange Ausführungen hier nicht hilfreich sein würden. Folgendes soll genügen: Jemand kann immer wieder sündigen und doch in keiner Weise korrupt sein. Zugleich kann wiederholtes Sündigen dennoch den Weg zur Korruption bahnen. Der heilige Ignatius weiß das und bleibt deswegen nicht bei der Erkenntnis der eigenen Sünden stehen, sondern geht weit darüber hinaus: zur Erkenntnis und Verabscheuung der Unordnung in den Handlungen sowie der weltlichen und eitlen Dinge.[31] Er kennt die Gefahr der »giftigen Wurzel«, die »ansteckt«. Er sucht für denjenigen, der die Exerzitien macht, in seiner Anhänglichkeit an den Herrn nach Seelenzuständen, die für die Transzendenz offen sind und keinen immanenten Bereich für sich zurückbehalten möchten.

---

[31] Vgl. GÜ 63.

Die Korruption bei Ordensangehörigen

Corruptio optimi, pessima [Die Korruption des Besten ist die schlechteste]. Diesen Grundsatz kann man auf korrupte Ordensangehörige anwenden. Es gibt sie heute zweifellos. Dass es sie schon immer gegeben hat, dafür genügt der Blick in die Geschichte. In den verschiedenen Orden, die um eine *Reform* ersuchten oder eine solche durchführten, traten in größerem oder kleinerem Umfang Probleme in Bezug auf korruptes Verhalten auf. Ich möchte mich hier nicht auf die unleugbaren Fälle von Korruption beziehen, sondern eher auf die alltäglichen Korruptionsphänomene, die ich *lässliche* nennen würde, die sich aber auf das Ordensleben hinderlich auswirken. Wie kommt es dazu?

Vom seligen Petrus Faber stammt eine goldene Regel, um den Zustand einer Seele zu erforschen, die ruhig und in Frieden lebt: Ihr sollte ein *Mehr (magis)* vorgeschlagen werden.[32] Wenn eine Seele der Großzügigkeit gegenüber *verschlossen* ist, würde sie schlecht reagieren. Die Seele gewöhnt sich an den schlechten Geruch der Korruption. Es

---

[32] Peter Faber: *Memoriale. Das geistliche Tagebuch des ersten Jesuiten in Deutschland,* übersetzt und eingeleitet von Peter Henrici, 2. Aufl. Einsiedeln 1989, 151.

ereignet sich das, was in einem geschlossenen Ambiente geschieht: Nur jemand, der von außen kommt, nimmt die schlechte Luft wahr. Und wenn man auf diese Weise jemandem helfen will, trifft man auf unsagbar viele Widerstände. Die Israeliten waren Sklaven in Ägypten, aber sie hatten sich an diesen Verlust von Freiheit gewöhnt, hatten die Orientierung ihrer Seele ihrem Zustand angepasst, machten sich keine Vorstellungen von einer anderen Art zu leben. Ihr Bewusstsein war eingeschlafen, und in diesem Sinn lässt sich von einer bestimmten Form der Korruption sprechen. Als Mose den Israeliten den Plan Gottes verkündigte, »hörten sie nicht auf Mose, weil sie vor harter Arbeit verzagten« (Ex 6,9). Bereits bei den ersten Schwierigkeiten, die während ihrer Reise durch die Wüste auftauchten, sagten sie Mose ins Gesicht, was er sich und ihnen in dieser Sache zugemutet habe: »Als sie vom Pharao kamen, stießen sie auf Mose und Aaron, die ihnen entgegenkamen. Die Listenführer sagten zu ihnen: Der Herr soll euch erscheinen und euch richten; denn ihr habt uns beim Pharao und seinen Dienern in Verruf gebracht und ihnen ein Schwert in die Hand gegeben, mit dem sie uns umbringen können« (Ex 5,21). Die Ältesten wollten mit dem Feind paktieren, sie waren müde und furchtsam; da musste Judith kommen und mit ihnen die Geschichte *neu lesen,* damit sie nicht wie die Schafe Umstände akzeptierten, die gegen Gottes Willen waren.[33] Jona versuchte, den Problemen auszuweichen: Man schickte ihn nach Ninive, er verschwand aber nach Spanien,[34] und Gott musste mit einer groß angelegten Läuterungsaktion eingreifen (einer wirklichen *Nacht* im Bauch des Wals, ein *typos* der Nacht, die sich von der neunten Stunde des Karfreitag bis zur Morgenröte des ersten Tages der Woche erstreckte). Elias sagte zu sich selbst, er sei mit dem Abschlachten der Baalspriester zu weit gegangen, und es erfasste ihn Furcht vor einer Frau (das lässt mich an die 12. Unterscheidungsregel in der ersten Woche der *Geistlichen Übungen* denken); er machte sich mit dem Wunsch davon, zu sterben:[35] Er war nicht fähig, die Einsamkeit eines Triumphs in Gott zu ertragen. Natanael fiel es leichter, sich der skeptischen Überzeugung hinzugeben, aus Nazaret könne nichts Gutes kommen,[36] als dem Enthusiasmus des Philippus Glauben zu schenken. Die beiden Jünger waren ebenfalls keine Freunde von Problemen: Man schickte sie nach Galiläa, sie aber wichen nach

---

[33] Vgl. Jdt 8,9ff.
[34] Vgl. Jon 1,2–3.
[35] Vgl. 1 Kön 19,4.
[36] Vgl. Joh 1,46.

Emmaus aus[37] ... und der Rest der Apostel zog es vor, nicht zu glauben, was sie mit eigenen Augen an jenem Morgen im Abendmahlsaal sahen; im Evangelium heißt es, dass »sie es vor Freude immer noch nicht glauben« konnten (Lk 24,41). Hier liegt der Kern der Sache: Ein Trauerprozess *zieht immer nach unten;* das Beschreiten von Irrwegen führt dazu, dass sich das Herz des Menschen an sie gewöhnt, um in Zukunft nicht mehr von ähnlichen Situationen überrascht zu werden oder erneut unter ihnen zu leiden. Oder jemand ist schlicht und einfach zufrieden mit dem Zustand, in dem er sich befindet und möchte nicht noch mehr Probleme haben.

Bei all diesen biblischen Belegen ist Verdrängung im Spiel. Das Herz möchte *kein Durcheinander.* Es leidet unter der Angst, dass Gott sich einmischt und uns auf Wege führt, die wir nicht kontrollieren können. Die Angst vor dem Auftauchen Gottes, vor der Tröstung. Damit geht Fatalismus einher; die Horizonte verengen sich auf das Maß der eigenen Verzweiflung oder der eigenen Ruhe. Man fürchtet sich vor der Illusion und zieht den *Realismus* des *Weniger* dem Versprechen des *Mehr* vor ... und vergisst dabei, dass sich der realis-

---

[37] Vgl. Lk 24,13.

tischste Realismus Gottes in einer Verheißung ausdrückt: »Zieh weg aus deinem Land, von deiner Verwandtschaft und aus deinem Vaterhaus in das Land, das ich dir zeigen werde. Ich werde dich zu einem großen Volk machen, dich segnen und deinen Namen groß machen« (Gen 12,1–2). In dieser Bevorzugung des vermeintlich realistischen Weniger steckt schon ein subtiler Prozess von Korruption: Man gerät in Mittelmäßigkeit oder Lauheit (zwei Formen der spirituellen Korruption), man lässt sich auf einen *Handel* mit Gott ein, gemäß den Regeln der ersten oder der zweiten Wegkreuzung. Im Bußgebet beim Sakrament der Versöhnung bittet man um Vergebung für andere Sünden … aber zeigt dem Herrn nicht diesen desillusionierten Seelenzustand. Es kommt zu einer langsamen, aber fatalen Verhärtung des Herzens.

Dann beginnt sich die Seele mit den Produkten zu befriedigen, die der Supermarkt des religiösen Konsumismus bereithält. Mehr als je zuvor wird das Ordensleben im Sinne einer immanenten *Verwirklichung* der eigenen Persönlichkeit gelebt. Bei vielen wird diese Verwirklichung in der Erlangung beruflicher Zufriedenheit bestehen, bei anderen in den Erfolgen ihrer *Werke*, bei wieder anderen in der Selbstgefälligkeit, der man sich aufgrund der entgegengebrachten Hochschätzung hingibt. Andere wiederum versuchen durch Perfektion im Umgang mit den modernen Medien jene Leere zu füllen, die ihre Seele in Bezug auf das *Ziel* empfindet, das sie einen Augenblick lang anstrebte, um die Suche kurz darauf dann doch wieder einzustellen. Andere werden viele gesellschaftliche Kontakte pflegen: Sie werden sehr häufig ausgehen, mit *Freunden* in Urlaub fahren oder sich Essen und Empfängen widmen; sie werden sich darum bemühen, bei all jenen Dingen nicht zu kurz zu kommen, die ihnen als Mittel zur Selbstdarstellung gereichen könnten. Es wäre ohne Weiteres möglich, mit der Aufzählung von Spielarten der Korruption fortzufahren ... aber – vereinfacht gesagt – stellt das alles nur einen Teil von etwas dar, das tiefer geht: die bereits erwähnte »geistliche Weltlichkeit«[38], ver-

---

[38] Die »geistliche Weltlichkeit« [Anscar Vonier] ist »die ärgste Gefahr für jene Kirche, die wir sind, die perfideste Versuchung, die tückisch nach jedem Sieg über die andern neu erwacht, ja sich eben aus diesen Siegen ernährt« (de Lubac, a. a. O.). De Lubac beschreibt sie folgendermaßen: »›Wir verstehen darunter die anscheinende Abkehr von der andern Weltlichkeit, wobei aber das sittliche, ja geistliche Leitbild nicht die Glorie des Herrn, sondern der Mensch und seine Vervollkommnung wäre. Radikale Anthropozentrik: das ist das Wesen der geistlichen Weltlichkeit. Sie wäre dann unverzeihlich geworden, wenn (falls es möglich wäre) ein Mensch alle geistliche Vollkommenheit besäße, aber ohne sie auf

standen als kirchlich getarntes Heidentum. Im Blick auf diese in ihrem Ordensleben korrupten Männer und Frauen verweist die Kirche auf die Größe ihrer Heiligen ..., die es verstanden haben, jede Äußerlichkeit auf die Betrachtung des Antlitzes Jesu Christi hin zu überschreiten, wodurch sie zu »Narren in Christus«[39] verwandelt wurden.

Viele Männer und Frauen führen ihr Leben in der *lässlichen* Korruptheit. Sie stehen damit im Widerspruch zu ihren Gelübden und gewöhnen ihre Seele an ein Leben außerhalb des Teiches; sie betrachten 38 Jahre lang, wie das Wasser aufwallt

---

Gott zu beziehen‹ [vgl. M.-J. Lory]. Sollte je diese geistliche Weltlichkeit sich in der Kirche einnisten und ihr innerstes Prinzip unterwühlen, dann wäre sie viel verhängnisvoller als jede bloß sittliche Verweltlichung. Verderblicher auch als der scheußliche Aussatz, der in gewissen Geschichtszeiten das Antlitz der Braut so entstellt hat, da sich ›im Namen der Religion das Ärgernis im Heiligtum installierte und, von einem freigeistigen Papst repräsentiert, das Antlitz Christi unter Schmuckbehang, Schminke und Schönheitspflästerchen begrub‹ [Anscar Vonier]. Keiner von uns ist vor solchem Unheil gänzlich gefeit. Ein subtiler Humanismus kann sich auf tausend Wegen einschleichen: Gottes Widersacher und heimlich auch des Menschen Feind« (ebd.).

[39] Peter-Hans Kolvenbach SJ: *Fools for Christ's Sake,* in: CIS [Centrum Ignatianum Spiritualitatis] Review of Ignatian Spirituality 21 (1990) Nr. 63, 74–91.

und andere geheilt werden[40] ... Ein solches Herz ist korrupt. Nichtsdestotrotz spüren sie die Einladung des Herrn und würden, dadurch in innere Bewegung versetzt, den abgestorbenen Teil des Herzens gerne wieder lebendig machen ... Aber nein, es gibt zu viel Chaos, zu viel Arbeit. Unsere Bedürftigkeit muss ein wenig stärker werden, damit Raum für die Transzendenz entsteht, den zu eröffnen uns die Krankheit der Korruption beständig hindert: »Ad laborem indigentia cogebat, et laborem infirmitas recusabat.«[41] Und der Herr wird nicht müde, uns zuzurufen: »Hab keine Angst ...« Keine Angst wovor? Keine Angst vor der Hoffnung ... Denn die Hoffnung lässt uns nicht zuschanden werden.[42]

---

[40] Vgl. Joh 5,5.
[41] »Zur Mühe trieb das Bedürfnis, und die Schwäche wies die Mühe zurück.« – Augustinus, wie er zur Samariterin spricht (Tract. 15 in Joannem, 17, CCL, 36,156).
[42] Vgl. Röm 5,5.

Jorge Mario Bergoglio / Papst Franziskus

Über die Selbstanklage

Eine Meditation über das Gewissen

Aus dem Spanischen von Gabriele Stein
Mit einer Einführung von Michael Sievernich SJ

12,0 x 19,0 cm, 80 Seiten, broschiert
ISBN 978-3-451-33451-1

Wegweisende Anregungen des heutigen Papstes, inspiriert von einem Text des spätantiken Wüstenvaters Dorotheus von Gaza – mit dem Ziel, nicht schlecht über andere zu reden.

»Dieses kleine Buch ist eine Anleitung zur geistlichen Lebenskunst ... Die neue Einbettung des alten Textes setzt spirituelle Einsichten frei für den heutigen Leser und die heutige Leserin, die sich auf den Weg realistischer Selbsterkenntnis und Gottsuche machen.«
Michael Sievernich SJ

HERDER

Jorge Mario Bergoglio / Papst Franziskus

Die wahre Macht ist der Dienst

Aus dem Spanischen von Gabriele Stein
Mit einer Einführung von Michael Sievernich SJ

12,5 x 20,5 cm, 432 Seiten, gebunden mit Schutzumschlag
ISBN 978-3-451-33450-4

Inspiriert vom Neuen Testament erschließt der frühere Erzbischof von Buenos Aires an einer Fülle konkreter Zusammenhänge, wie die gelebte Haltung des Dienens nicht nur einzelne Menschen verändern kann, sondern durch sie ein ganzes Gemeinwesen. Jorge Mario Bergoglio – Papst Franziskus – zeigt eindrucksvoll: Einander zu dienen ist auf die Dauer eine größere gestalterische Kraft als jede andere Macht in der Gesellschaft.

HERDER

Stefan von Kempis

Papst Franziskus

Wer er ist, wie er denkt, was ihn erwartet

Durchgehend vierfarbig bebildert
21,0 x 28,0 cm, 160 Seiten, gebunden
ISBN 978-3-451-33408-5

Papst Franziskus hat mit seiner Einfachheit und Güte im Handumdrehen die Herzen vieler Menschen gewonnen – und bei Glaubenden wie Nichtglaubenden hohe Erwartungen geweckt. In diesem großformatigen, reich bebilderten Band zeichnet Stefan v. Kempis detailliert und bunt den Weg nach, der Jorge Bergoglio, den argentinischen »Kardinal der Armen«, aus einer Einwanderervorstadt von Buenos Aires bis auf den römischen Bischofsstuhl geführt hat. Er zeigt ein facettenreiches Bild der Persönlichkeit des neuen Papstes, seines neuen Stils im Vatikan und der Aufgaben, die er lösen muss.

HERDER